La Niña Que Dijo Que Ella Podía

Chantal Triay

La Niña Que Dijo Que Ella Podía
Derechos de autor © 2020 escrito por Chantal Triay
Todos los derechos reservados.

Ilustraciones de Anne Potter
Diseño y producción de libros por Clarity Designworks

www.TheGirlWhoSaidSheCould.com

Habia una vez una niña con grandes sueños.

Ella soñaba
con muchas cosas...

Cosas que ella pensaba que solo podían suceder en sus sueños.

A veces,
ella soñaba que tenía alas.

A veces,
ella soñaba que no tenía miedo.

"Puedo ganar esta carrera."

**A veces,
ella soñaba que era muy valiente.**

A veces,
ella soñaba que
era muy ingeniosa.

"Puedo mezclar dos líquidos para formar un gas."

A veces,
ella soñaba que podía comprar todo lo que quisiera.

A veces,
ella soñaba que era una heroína.

A veces,
ella soñaba que era creativa.

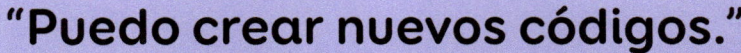
"Puedo crear nuevos códigos."

A veces,
ella soñaba que era fuerte.

A veces,
ella soñaba que era valiente.

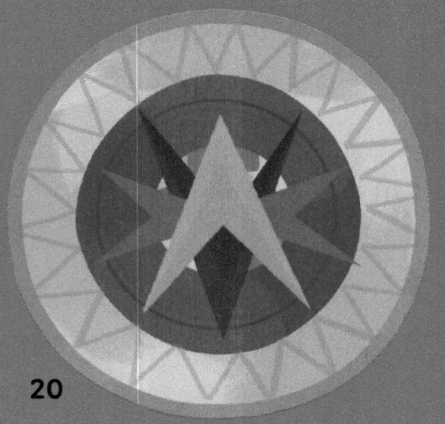  

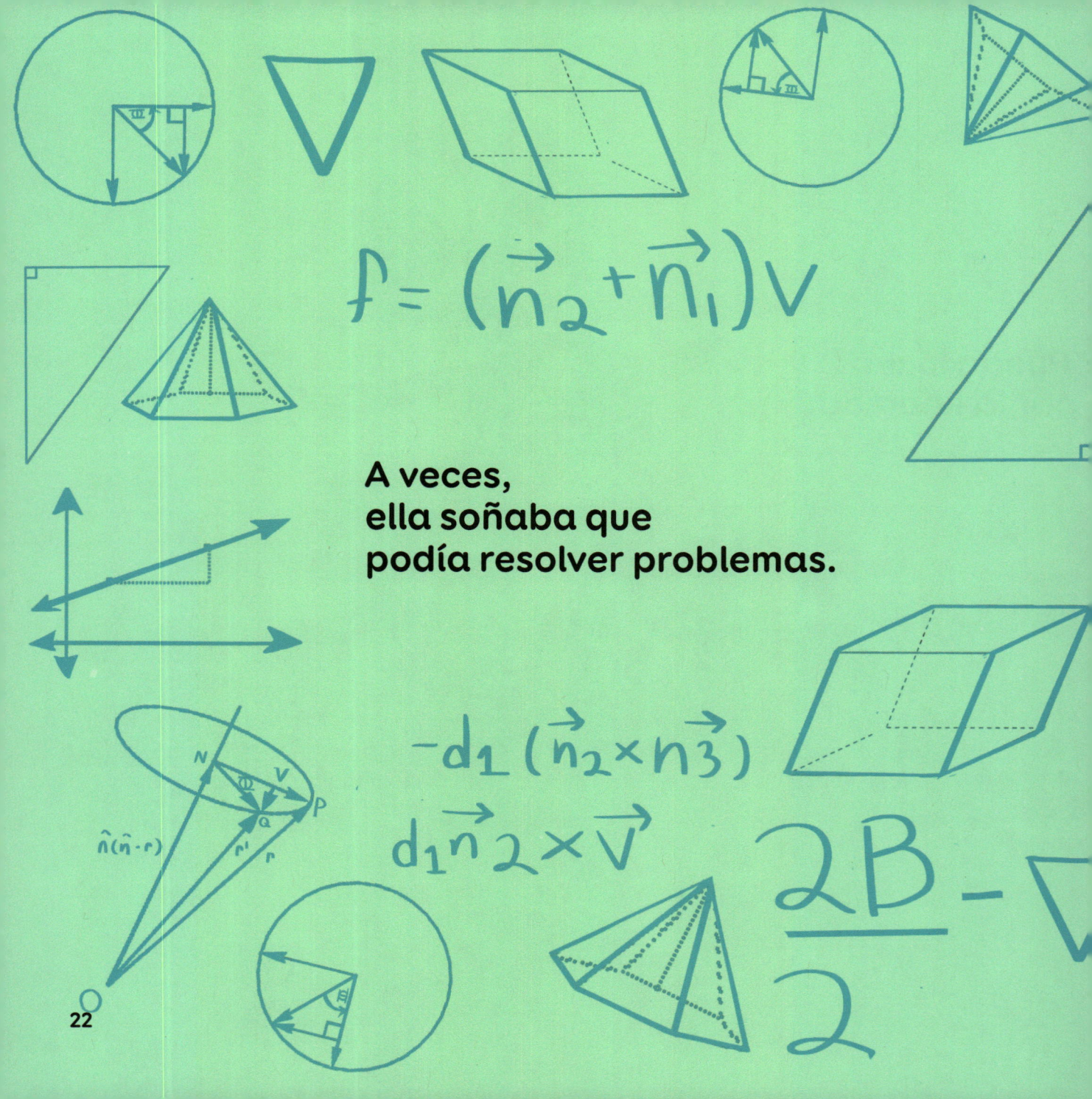

A veces, ella soñaba que podía resolver problemas.

A veces,
ella soñaba que
podía construir cosas grandes.

"Puedo construir este edificio."

A veces,
ella soñaba que era tenaz.

**A veces,
ella soñaba que era poderosa.**

A veces,
ella soñaba que era convincente.

A veces,
ella soñaba que podía ir más allá.

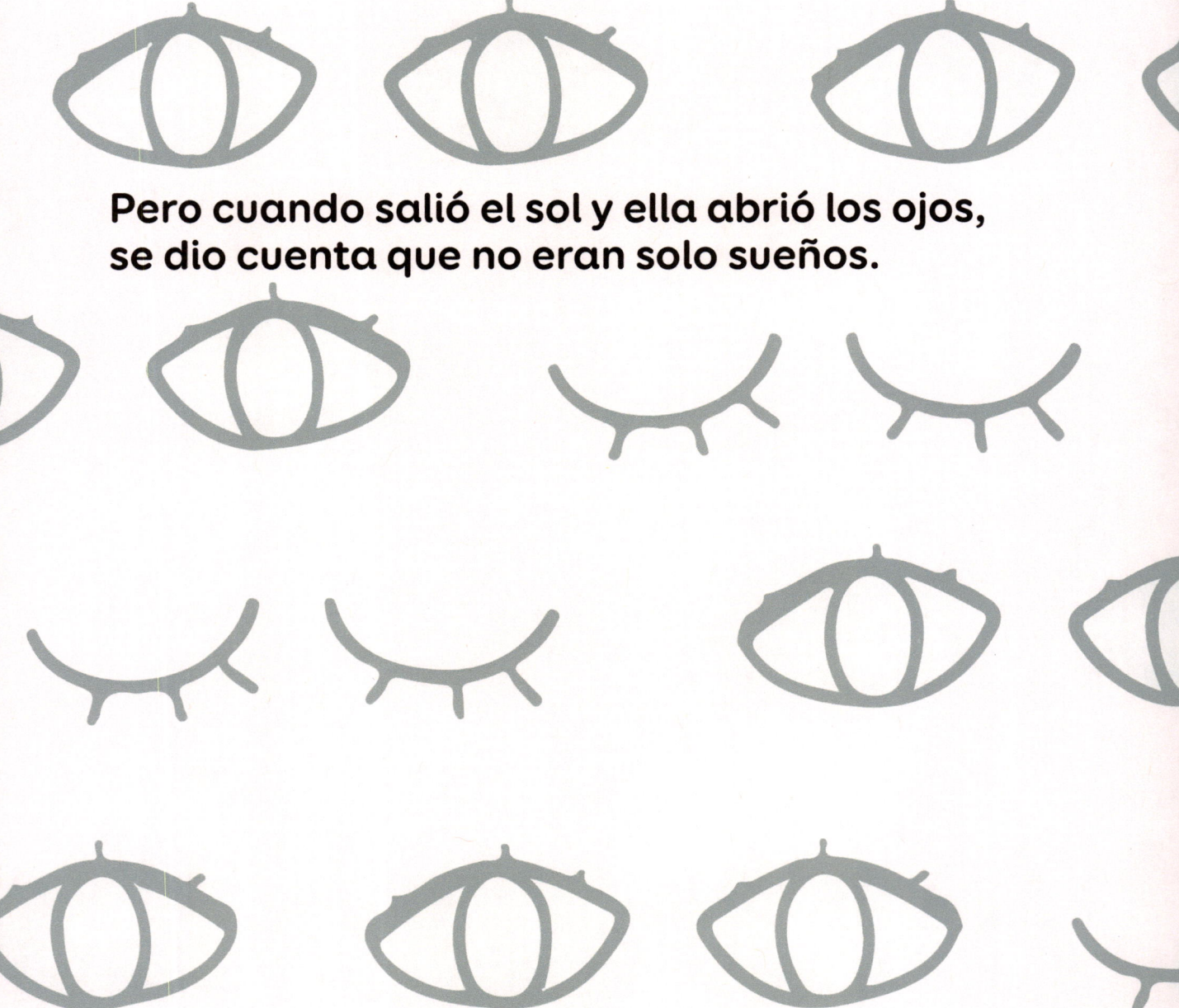

Pero cuando salió el sol y ella abrió los ojos, se dio cuenta que no eran solo sueños.

Todas las cosas que soñaba,
ya las tenía en ella misma.

Ella sabía que podía convertirse en cualquier cosa que ella quisiera, si creía en sí misma.

Asi que ella comenzó su camino con un pie delante del otro y dijo… "Estoy lista para vivir mis sueños".

¿Qué cosas maravillosas harás?
Dibujar a continuación

Actividades
¿Puedes hacerlo? ¡A ver!

QUÍMICA

¿Qué obtienes cuando mezclas sodio (Na +) y cloruro (Cl-)?

a. Sal
b. Vinagre
c. Pimienta
d. Salsa de tomate catsup

MATEMÁTICAS

16+13= _____
27-18= _____
15/3= _____
22x4= _____

FÍSICA

¿Qué tipo de eclipse tenemos cuando la luna está entre el sol y la tierra?

a. Un eclipse nuclear
b. Un eclipse de halloween
c. Un eclipse solar
d. Un eclipse espacial

DATOS CURIOSOS: ¿LO SABÍAS?

Hay aproximadamente 1,000,000,000,000,000,000,000 (1 billón de billones) de estrellas en el universo que se pueden observar.

La Guerra Anglo-Zanzíbar de 1896 es la guerra más corta de la historia, duró solo 38 minutos.

Algunos tornados pueden tener velocidades del viento superiores a 480 km/h, ¡que es más rápido que el coche de carreras más rápido!

Puedes sobrevivir durante 3 MINUTOS sin oxígeno o en agua helada.

Puede sobrevivir durante 3 HORAS sin refugio en un ambiente frío o cálido.

Puedes sobrevivir 3 DÍAS sin agua.

Puedes sobrevivir 3 SEMANAS sin comida si tienes agua y refugio.

Respuestas: Química: a. Sal • Matemáticas: a.29, b.9, c.5, d.88 • Física: c. Un eclipse solar

Acerca de la Autora

Chantal Triay es una franco-mexicana americana que vive en el sur de California y trabaja como ingeniero en construcción. Es una oradora internacional y autora publicada que alienta a las niñas y las mujeres a ser ellas mismas. Chantal es una líder en su comunidad y ha ganado reconocimiento mundial por su influencia inspiradora.

Este libro está dedicado a aquellas que sueñan y se atreven a perseguir sus sueños.

www.ingramcontent.com/pod-product-compliance
Lightning Source LLC
Chambersburg PA
CBHW041103070526
44583CB00002B/44